CONFÉRENCES
FAITES A LA SORBONNE
AUX INSTITUTEURS DÉLÉGUÉS
A L'EXPOSITION UNIVERSELLE DE 1878

L'ENSEIGNEMENT

DE

GÉOGRAPHIE

DANS L'ÉCOLE PRIMAIRE

PAR

E. LEVASSEUR

MEMBRE DE L'INSTITUT

PARIS

LIBRAIRIE CH. DELAGRAVE

15, RUE SOUFFLOT, 15

—

1878

L'ENSEIGNEMENT

DE

LA GÉOGRAPHIE

DANS L'ÉCOLE PRIMAIRE

CONFÉRENCES
FAITES A LA SORBONNE
AUX INSTITUTEURS DÉLÉGUÉS
A L'EXPOSITION UNIVERSELLE DE 1878

L'ENSEIGNEMENT

DE

LA GÉOGRAPHIE

DANS L'ÉCOLE PRIMAIRE

PAR

E. LEVASSEUR

MEMBRE DE L'INSTITUT

PARIS

LIBRAIRIE CH. DELAGRAVE

15, RUE SOUFFLOT, 15

—

1878

L'ENSEIGNEMENT

DE

LA GÉOGRAPHIE

DANS L'ÉCOLE PRIMAIRE

par M. E. LEVASSEUR, Membre de l'Institut

(16 AOUT 1878).

La séance est ouverte à 9 heures du matin.

M. CASIMIR PERIER, *Sous-Secrétaire d'État au Ministère de l'Instruction publique, des Cultes et des Beaux-arts.* — Messieurs, vous êtes conviés à assister au magnifique spectacle que la France donne en ce moment à tous les peuples civilisés. Vous y êtes conviés, parce que vous êtes dignes d'en jouir, parce que vous êtes capables d'y apprendre beaucoup

Si le Ministre de l'Instruction publique était à Paris, qu'il a dû quitter hier, c'est lui qui serait à ma place. Je viens en son nom vous souhaiter la bienvenue. Messieurs, nous vous avons appelés des départements souvent les plus éloignés, des régions les plus différentes par la nature même du sol, par l'esprit et le caractère des populations, et cela à dessein. Nous avons cru qu'il était bon que vous apprissiez à vous connaître les uns les autres, à vous persuader que, même sans vous connaître, vous êtes tous, près ou loin, les serviteurs d'une même cause, qu'il existe entre vous un lien de solidarité que par tous les moyens nous devons resserrer. Donnez-vous donc ici la main, faites connaissance les uns avec les autres, communiquez-vous vos impressions, contrôlez-les les unes par les autres, et tâchez à votre tour de garder un souvenir durable de ce premier essai qui avait pu effrayer, étonner quelques personnes, mais qui, quant à nous, nous a inspiré une pleine sécurité ; et nous sommes assurés que cette première tentative sera féconde en résultats heureux. (*Bravo! bravo! Applaudissements.*)

Oui, Messieurs, communiquez-vous vos impressions les uns aux autres. Je suis, je le déclare, un partisan très-résolu de toute hiérarchie et du respect de toute discipline ; mais ici je ne vois que profit à ce que non-seulement, entre vous, vous vous fassiez part de vos impressions, mais à ce que vous ayez un peu votre libre parler. Les hommes distingués et dévoués avec lesquels vous allez avoir la bonne fortune de vous trouver pendant huit jours, faites-les presque vos confidents ; dites-leur vos sentiments, vos désirs, et si, à la suite de ces conversations toutes familières et toutes amicales, ces hommes distingués et dévoués viennent se faire les interprètes de vos sentiments, de vos idées, et que nous découvrions là des idées sages et généreuses, nous vous en féliciterons et nous vous en remercierons. (*Nouveaux applaudissements.*)

Vous êtes appelés par un gouvernement qui veut entendre et qui veut voir (*Vifs applaudissements*), qui sait qu'il peut y avoir des réformes à faire, et, sans y donner une forme officielle, sans pouvoir s'engager à déférer à tous les désirs, il est heureux d'entendre ceux qui sont les premiers intéressés et sur certains points de bons juges.

Il nous reste beaucoup à faire, malgré tout ce qui a été fait pour l'instruction primaire. Demain paraîtra au *Journal officiel* le règlement définitif pour les emprunts de la Caisse des écoles. Nous avons voulu que ce règlement parût avant la session des Conseils généraux, pour que cette session pût être féconde au point de vue même de l'instruction primaire. Il reste à construire dans beaucoup de villages, dans trop, dans beaucoup de hameaux; dans d'autres il reste à améliorer. Nous sommes entrés déjà résolûment dans cette voie. Les plus grands sacrifices ont été faits par les pouvoirs publics; nous continuerons notre œuvre. Tous les moyens que nous pourrons employer pour obtenir de l'assiduité dans les écoles, nous les emploierons. La gratuité a été développée, elle le sera davantage; l'obligation fera l'objet d'un projet de loi. (*Applaudissements.*) Tous les moyens seront employés ; c'est le propre d'un gouvernement de liberté (*Bruyants applaudissements*) de vouloir que l'instruction se répande et qu'elle se développe partout.

Un autre point appelle particulièrement notre attention. Déjà dans la plupart de vos communes vous possédez des bibliothèques. Ces livres vous sont donnés en grande partie par le Ministère de l'Instruction publique. Je ne vous dis pas de vous persuader à vous-mêmes, parce que c'est une conviction que vous devez avoir, mais persuadez autour de vous que ce ne sont pas seulement des ornement pour la chambre où ils se trouvent réunis. Ouvrez-les, lisez-les ; mais surtout répandez autour de vous le goût d. la lecture.

Dans quelques départements il a été fondé, et c'est souvent un grand bienfait, des réunions d'instituteurs. Il sera traité de ce point par un homme essentiellement compétent dans ces questions. Nous sommes très-heureux de voir ces réunions d'instituteurs, par le même motif que j'indiquais tout à l'heure, se propager, se répandre et fonctionner partout. (*Applaudissements.*)

Quant au personnel, vous savez quelle est la sollicitude des pouvoirs publics pour vous. Je n'en doute pas, il peut rester encore, pour améliorer votre situation, beaucoup de choses à faire, et j'entrevois un *desideratum*, éloigné sans doute, mais que vous pourrez peut-être nous aider à atteindre.

Le jour où chacun de vous dans vos communes vous auriez formé assez d'hommes intelligents et instruits, pour qu'on pût vous renfermer tout entiers dans l'exercice de vos fonctions et vous laisser tout entiers à vous-mêmes (*Explosion de bravos. Longs et bruyants applaudissements*), j'ai la conviction que ce serait un grand bienfait. (*Nouveaux bravos et applaudissements.*) Je ne vous donne pas d'espérances prématurées ; ce temps peut être long ; travaillez-y de votre côté, nous y travaillerons du nôtre. Nous devons joindre nos efforts communs, et de l'accord de tant d'efforts et de bonnes volontés ne peut pas ne pas sortir un bon résultat. (*Vifs applaudissements.*)

Vous avez la bonne fortune de pouvoir, comme citoyens, conserver la liberté de votre conscience, la liberté de vos opinions, et de n'avoir rien qui soit politique dans votre mission même. Vous avez pu traverser des époques qui ont été plus ou moins pénibles. Votre ambition est aussi la nôtre : c'est de vous soustraire définitivement aux luttes et aux compétitions des partis. (*Bravos et applaudissements.*)

Je n'ajoute qu'un mot, que j'ai le devoir et le droit de vous dire. C'est que si vous voyez les hommes qui sont au pouvoir, si vous voyez la majorité de la Chambre, si vous voyez le parti républicain tout entier si résolu à vous seconder, c'est qu'il sait bien que vous améliorez l'homme en l'instruisant, et il sait bien aussi qu'en faisant que le suffrage universel puisse lire, comprendre et penser, vous établissez la République d'une façon indestructible. (*Bravos prolongés. Double salve d'applaudissements.*)

La parole est à M. Levasseur, qui veut bien vous faire une conférence sur la géographie. Nul plus que lui n'est compétent en ces matières, et je n'ai pas besoin de vous recommander l'attention la plus vigilante.

M. Levasseur, *membre de l'Institut.* — Messieurs, M. le Sous-Secrétaire d'État vient de vous dire, au nom du Ministre de l'Instruction publique et en son propre nom, quel était le caractère des réunions qui s'ouvrent en ce moment, et quel était le profit que vous, instituteurs, vous devez en retirer et que l'État tout entier par suite doit en recueillir. Il résultera, Messieurs, du contact que vous allez avoir ensemble, de l'examen comparé des objets que l'Exposition offre à votre étude, des leçons que vous entendrez ici, et il se traduira, j'espère, pour beaucoup d'entre vous, par la connaissance des meilleures méthodes employées aujourd'hui pour l'instruction populaire et par la ferme volonté de les pratiquer, et peut-être même par le désir de les améliorer encore.

Le Directeur de l'enseignement primaire a qualifié avec justesse cette réunion du nom de *retraite pédagogique.*

Déjà, il y a onze ans, un Ministre qui déployait un zèle ardent pour l'instruction primaire, avait profité de l'Exposition de 1867 pour réunir à Paris un grand nombre d'instituteurs. Aujourd'hui le gouvernement de la Répu blique française a voulu, dans une circonstance semblable et plus solennelle encore, que vous prissiez part à la fête de 1878, et, grâce à la pensée d'intérêt public qui a dicté sa détermination, vous formez ici une réunion d'instituteurs et de pédagogues plus nombreuse qu'on n'en avait vu jusqu'ici dans notre pays.

Sous tous les gouvernements, Messieurs, dans le temps présent, l'instruction primaire est une condition de richesse et de progrès. Sous une République, elle est de plus une nécessité politique (*Applaudissements*), et elle a besoin d'être à la fois universelle, solide et éclairée, plus encore qu'étendue, parce que, comme vous l'a dit en termes excellents M. le Sous-Secrétaire d'État, il faut non-seulement qu'elle ne laisse personne échapper à ses leçons, mais parce qu'elle doit préparer des citoyens assez éclairés pour participer aux affaires publiques dans la mesure que la Constitution leur assigne.

Sous le gouvernement du suffrage universel, nous avons tous des devoirs comme hommes et des devoirs comme citoyens, et il faut, sous peine de déchéance de la nation, que nous soyons capables d'accomplir les uns et les autres. (*Vifs applaudissements.*)

Je parle ici d'instruction primaire; mais je me garde bien de dire que l'instruction primaire doive être le seul souci d'une République. Je suis convaincu du contraire. C'est à tous les degrés, primaire, secondaire, technique, supérieur, qu'il importe de développer l'enseignement, parce que la richesse et la civilisation se font par le travail de l'homme, et que le travail de l'homme vaut ce que valent son intelligence et sa moralité. On ne saurait trop cultiver les intelligences d'élite, afin que le niveau des connaissances s'élève, et que la science se déverse en

inventions et en bienfaits de tout genre sur la masse de
la société. Mais plus cette société est éclairée, plus elie
est capable de profiter des directions que la science lui
donne. Pour faire une bonne armée, il faut de bons généraux et de bons soldats.

Pour qu'il y ait des généraux obéis, il faut qu'il y ait
des soldats capables de leur obéir en les comprenant.
(*Applaudissements.*)

Nous nous occupons ici de la formation des soldats. De
leurs rangs il sortira peut-être des généraux ; mais avant
tout nous avons, dans ces réunions, à songer au gros de
l'armée. Le Ministre de l'Instruction publique vous a conviés
pour cet objet ; vous avez répondu avec empressement à son
appel. Nous vous en remercions, et, pour que chacun
accomplisse ici son devoir, je me hâte de commencer le
premier entretien de cette retraite pédagogique dans laquelle
nous apportons tous, auditeurs, organisateurs, professeurs,
un même sentiment : le zèle pour l'instruction populaire et
la conviction des bons effets qu'il produit.

Je vous parlerai de l'enseignement de la géographie.
Je n'ai pas la prétention de vous tracer en une heure un
programme complet et d'embrasser le sujet dans toutes
ses parties. Je me propose seulement de vous donner
un certain nombre de conseils sur le but que le maître
doit se proposer en donnant cet enseignement, et sur la
méthode la plus convenable pour atteindre ce but.

*M. le Sous-Secrétaire d'État, appelé ailleurs, regrette
de ne pouvoir rester plus longtemps, et se retire salué par
les applaudissements unanimes de l'assemblée.*

Le but de presque tout enseignement est double. Le
maître doit se proposer d'*enseigner* à ses élèves *un objet
déterminé* la géographie, par exemple, ou l'histoire,

ou la grammaire. Mais il doit aussi se proposer de *développer l'intelligence* des élèves auxquels il s'adresse. Presque tout enseignement, je le répète, a ce double but : une notion particulière à faire pénétrer dans la mémoire de l'enfant, et la formation de l'intelligence à laquelle cette notion doit contribuer pour une certaine part.

Cherchons comment il convient d'appliquer à l'enseignement géographique ce principe général de pédagogie. Je ferai mieux comprendre ma pensée en vous disant d'abord ce qu'il faut éviter; je vous dirai ensuite ce qu'il faut faire.

Il faut éviter que la leçon, — et je comprends en ce moment par ce mot la leçon que l'élève apprend dans le livre aussi bien que la leçon orale que fait le maître, — soit une nomenclature sèche, une série de noms propres s'adressant exclusivement à la mémoire, ou même une suite de définitions que l'élève apprend généralement au début, à l'âge où il saisit mal de pareilles abstractions, et qu'il répète le plus souvent sans les avoir comprises. Ce que l'enfant n'a pas compris ne saurait profiter à son intelligence, vous le savez. Il est utile que la mémoire soit un dépôt bien garni d'où l'enfant, plus tard l'homme, puisse tirer facilement des notions et des faits, à mesure qu'il en a besoin; mais une éducation qui se bornerait à enrichir ce garde-meuble de l'intelligence, sans exercer l'intelligence elle-même à en employer et les matériaux et les outils, ferait des hommes bien médiocres.

Nous avons beaucoup à faire, non-seulement en géographie, mais dans la plupart des branches de l'enseignement primaire, pour atteindre ce double but. Ajoutons que nous avons déjà fait de grands efforts dans le sens du développement de l'intelligence, par les méthodes de l'intuition et du raisonnement, et qu'il ne manque en France ni de pédagogues pour les tracer (1) ni d'instituteurs pour les appliquer.

Ajoutons aussi que, s'il nous reste beaucoup à faire, nous ne sommes pas le seul peuple qui soit aujourd'hui dans cette situation. Les États-Unis d'Amérique peuvent compter assurément au nombre des peuples qui portent le plus d'intérêt à l'enseignement populaire ; on n'en saurait douter quand on sait qu'ils y consacrent plus de quatre cents millions de francs par année. Eh bien, les États-Unis ont à faire et font les mêmes efforts que nous ; les pédagogues luttent, — et lutteront longtemps encore, — pour débarrasser l'enseignement de ce qu'on appelle en Amérique le *text-book*, c'est-à-dire le manuel, le livre appris par cœur, avec questionnaire, permettant à l'enfant, — voire même au maître,— de répéter mot pour mot une leçon sans avoir pris la peine d'en approfondir le sens et ayant pour résultat de donner la lettre plus que l'esprit d'un enseignement. Luttons donc contre le *text-book :* c'est là, je le répète, une œuvre à laquelle s'appliquent, des deux côtés de l'Océan Atlantique, les pédagogues qui cherchent à donner un fondement solide à leur enseignement primaire. Il y a quelques peuples, en Europe, qui sont plus avancés que nous à cet égard ; il n'y en a aucun qui n'ait à faire des efforts nouveaux pour généraliser cette méthode et des efforts constants pour maintenir dans cette voie la pratique de l'enseignement.

---

(1) Je citerai, entre autres, la dernière publication qui ait paru en France sur ce sujet et qui résume les améliorations pédagogiques introduites dans les écoles de Paris par M. Gréard, membre de l'Institut et Directeur de l'enseignement primaire du département de la Seine : *l'Instruction primaire dans le département de la Seine, de 1867 à 1878.*

Si donc il convient de bannir la pure nomenclature, quelle méthode faut-il y substituer? Il faut s'attacher à l'esprit plus encore qu'à la lettre, sans négliger cependant la lettre, puisqu'il y a certaines choses qui doivent se fixer dans la mémoire d'une manière précise, comme les noms propres; mais il faut expliquer ces noms, donner en quelque sorte une âme aux mots par le commentaire du maître et les rendre intéressants en les rendant vivants ou du moins sensibles.

Par conséquent, la méthode consiste surtout dans l'explication de chaque chose et, autant que possible, dans la vue même de la chose. Il n'est pas toujours possible de faire voir ce qu'on veut démontrer; mais, chaque fois qu'au lieu de décrire ou de définir, on peut montrer, on peut être persuadé qu'il y a avantage à le faire. Essayez d'expliquer d'une manière abstraite la différence qui existe entre le bleu, le jaune et le vert, vous échouerez; montrez trois objets, un bleu, un jaune et un vert, en disant : Voici les trois couleurs, vous serez immédiatement compris. Dans un enseignement secondaire ou supérieur, la vue de la chose est toujours une forme utile de la démonstration, bien que l'analyse scientifique ait souvent plus d'importance. Dans l'enseignement primaire, où l'élève est peu préparé aux notions abstraites, elle est d'ordinaire l'élément principal de la connaissance; elle abrége de beaucoup le commentaire et le remplace quelquefois complétement.

Que l'explication d'ailleurs se fasse par la vue de la chose même, par celle de son image, ou par un commentaire oral, elle doit toujours exercer une double influence: influence sur la mémoire dans laquelle le nom se trouve mieux gravé, parce que l'explication et les idées circonstancielles qu'elle éveille ont fait une empreinte plus profonde et plus large;

influence sur le développement général de l'intelligence. Ce sont précisément les deux buts à atteindre.

Ainsi traitée, la leçon de géographie paraît presque se confondre avec ce genre d'enseignement dont on a parlé beaucoup depuis quelques années avec éloge et qu'on désigne sous le nom de *leçon de choses*. Elle lui ressemble en effet à certains égards; elle s'en distingue à d'autres.

Quand le maître donne une leçon de choses, il prend un objet, il l'explique, il le retourne, il le commente : c'est l'objet qui fournit le texte de la leçon. Il en est autrement dans l'enseignement géographique : le maître a une explication à donner; il trouve une chose dont la vue aide à cette explication : il s'en sert. Dans la leçon de choses, l'objet montré est le principal; dans la leçon de géographie, il n'est qu'un moyen démonstratif employé dans une série régulière de démonstrations et de faits qui s'enchaînent et dont l'ensemble embrasse tout le programme géographique.

Savez-vous quand le but est atteint? Il ne l'est pas quand les élèves peuvent répéter des leçons qu'ils ont apprises par cœur; il l'est quand ils ont l'intelligence géographique suffisamment développée pour comprendre les choses de la géographie, même celles qu'ils n'ont pas apprises. Plus tard, si vos élèves voyagent, comme soldats ou à quelque autre titre, ils auront peut-être à traverser des rivières dont ils ne vous auront jamais entendu prononcer le nom. Qu'importe ?

Vous ne pouvez pas, vous ne devez pas avoir la prétention de leur enseigner le nom de toutes les petites rivières de France; j'ajouterai même que plus vous avez à donner de temps au commentaire, plus il est nécessaire d'être sobres dans l'énumération des noms propres. Un bon enseignement primaire, — disons un bon enseignement en général, — consiste non pas à savoir beaucoup de mots, mais à bien savoir un certain nombre de choses. Ce qui importe donc, c'est d'une part que vos élèves sachent les faits très-importants, par exemple qu'ils sont dans le département du Lot lorsqu'ils sont à Cahors, qu'ils passent de France en Espagne quand ils franchissent les Pyrénées en se dirigeant vers le sud, que le Danube coule en grande partie en Allemagne, puis dans l'Autriche-Hongrie; c'est d'autre part, et surtout, qu'ils aient l'esprit suffisamment ouvert pour que, voyant un ruisseau, ils comprennent qu'il doit y avoir une vallée, qu'en voyant le cours du ruisseau ils se rendent compte des pentes des terrains.

Si vous leur avez donné des notions élémentaires bien précises et, de plus, l'intelligence des choses de la géographie, vous avez assez fait.

Il en est de même pour beaucoup d'autres enseignements. Si un élève qui sort du lycée après y avoir appris la chimie, entre dans l'industrie, il aura presque toujours à faire des manipulations toutes différentes de celles qui lui ont été enseignées sur les bancs; ce que l'enseignement secondaire lui aura donné, c'est l'intelligence générale des lois de la chimie : c'est assez pour qu'avec un peu de pratique il s'y retrouve aisément et pour qu'il ait des chances de dépasser bientôt ceux des employés de la même usine qui ont la pratique sans la théorie.

La comparaison dont je me sers vous aidera à comprendre ce que je demande à l'enseignement géographique. (*Marques d'assentiment.*)

J'ai vu, Messieurs, des élèves me réciter, sans broncher, les sous-préfectures de n'importe quel département de

France, — ce que je ne serais pas bien sûr de pouvoir faire moi-même, — et, cependant, ces élèves étaient absolument incapables, quand je les mettais en face d'une carte, de me montrer à quel endroit était le chef-lieu du département. Ces élèves ne savaient pas la géographie.

Je me souviens d'avoir vu autrefois un livre, composé à l'usage des écoles primaires, qui m'a paru le comble du ridicule en ce genre : les départements et les sous-préfectures y étaient mis en vers français.

J'espère vous avoir fait bien saisir ma pensée. Je la résume encore une fois, afin que nul ne s'y méprenne. Il faut faire apprendre par cœur aux élèves certains noms et certaines choses déterminées en géographie ; il ne faut pas chercher à leur en faire apprendre un très-grand nombre. Mais, par le commentaire du maître durant la leçon, il faut aider d'abord à la fixation de ces noms dans la mémoire de l'élève, et ensuite atteindre le second but, plus important encore que le premier, qui est le développement général de l'intelligence de l'élève par l'intelligence particulière des choses géographiques. Il faut enfin, comme consécration, que l'élève interrogé puisse non-seulement répéter le nom exactement, mais reproduire à peu près, et en termes qui lui soient propres, le commentaire relatif à ce nom. C'est ce qu'exprime à sa façon cette maxime générale de saine pédagogie : *apprendre peu et bien apprendre.*

Ce but étant indiqué, quelle est la méthode par laquelle on l'atteindra le mieux ?

Je vous disais tout à l'heure qu'il faut autant que possible, — je dirais volontiers qu'il faut absolument, — bannir les définitions abstraites. Ne commencez pas, avec un petit enfant de huit à dix ans, par donner les définitions théoriques de mer, de lac, de rivière et de fleuve. Non.

Vous lui présenteriez ainsi les débuts de la géographie sous un aspect rebutant: vous risqueriez de le dégoûter et vous n'atteindriez certainement pas le but. Mettez-le immédiatement en présence de la réalité. Trouverez-vous dans la réalité visible pour vos élèves, c'est-à-dire dans les choses et les phénomènes géographiques qui sont sous vos yeux, toutes les définitions dont vous aurez plus tard besoin? Non, certes. Ne vous inquiétez pas, les définitions viendront au fur et à mesure que chaque chose se présentera dans l'enseignement. Il vous sera toujours plus facile de définir d'une manière intelligible après qu'avant, c'est-àdire lorsque l'élève aura déjà commencé à connaître la chose par des exemples, sinon par la vue.

Il est cependant, au début, un petit nombre de notions préliminaires que l'enfant doit avoir et de termes géographiques dont il doit comprendre le sens.

Vous avez sous la main tout ce qui est nécessaire pour donner ce premier enseignement par la méthode des leçons de choses. Le territoire de votre commune vous le fournit, et l'enseignement lui-même, vous le connaissez déjà tous, si tous vous n'avez pas encore pu le pratiquer, on l'appelle *étude de la commune*. De l'autre côté du Rhin, où il est en usage depuis assez longtemps, on l'appelle *Heimatskunde*.

L'enfant connaît aussi bien que vous, instituteurs, les rues de son village, les cours d'eau ou les ruisseaux, — et il n'est pas de commune qui n'ait au moins quelque ruisseau sur son territoire ou dans son voisinage, — la montagne, la colline ou la butte qu'il a souvent gravie; s'il n'a jamais vu de lac, il connaît au moins l'étang ou la mare. S'il n'y a pas de ruisseau qui se jette dans une rivière, il y a au moins, les jours de pluie, deux ruisseaux qui se réunissent à un coin de rue: c'est assez pour fournir l'exemple d'un confluent. J'ai cité plus d'une fois ce qui m'a été rapporté à ce sujet dans la ville de Chicago. Chicago est une ville des États-Unis située sur le bord d'un grand et beau lac, où débouche une rivière canalisée, mais dont la campagne est tellement plate qu'il est impossible d'y apercevoir une colline. Cependant plusieurs institutrices y profitaient des jours d'orage pour faire étudier par la fenêtre la distribution de l'eau sur la surface bombée et quelque peu ravinée de la cour de l'école, et montrer à leurs élèves des versants, des lignes de partage des eaux, des confluents, des bassins, des îles. Vous avez donc toujours dans votre commune le moyen de faire comprendre en faisant voir, et par conséquent d'atteindre le but que nous nous sommes proposé.

Commencez en partant de la salle de votre classe. Prenez la craie, comme je la prends moi-même. Dessinez au tableau noir le plan de cette classe, comme je dessine le plan de la salle de la Sorbonne (Voir la figure) (1). Indiquez par des traits les quatre murs ; marquez l'emplacement de la porte et des fenêtres, indiquez les bancs et la table du maître.

Expliquez chaque ligne au fur et à mesure que vous la tracez.

Je connais telle institutrice qui fait plus encore : elle mesure avec un mètre chaque chose en se faisant aider par les élèves, — et, dans ce cas, ce sont les élèves de la division supérieure qui doivent servir d'aides ; — puis elle reporte au tableau d'après une échelle déterminée, le dixième, par exemple, de la grandeur réelle. Les élèves

---

(1) Nous donnons comme spécimen non le plan de la salle de la Sorbonne tel que le professeur l'a dessiné au tableau, mais le plan de la classe extrait de notre volume intitulé : *Premières Notions sur la Géographie*.

s’intéressent davantage à un travail auquel ils participent ; ils y prennent même plaisir et ils y acquièrent une certaine notion de la manière dont on lève un plan.

Quand le tracé est achevé et bien compris, — ce qui exige peut-être plusieurs leçons, — interrogez l’enfant : Qu’est-ce que ceci ? L’enfant qui a compris répondra : C’est un banc. — Quel banc ? — Le premier, le second, le troisième. — Qu’est-ce que cela ? — C’est une fenêtre. — Quelle fenêtre ? — Celle-ci. Si, par hasard, l’élève interrogé disait : C’est celle-là, et montrait une autre fenêtre, soyez bien sûrs que plus d’un camarade s’empresserait de le reprendre et qu’il ne tarderait pas lui-même à reconnaître son erreur : il est plus facile qu’on ne pense de donner à des enfants de dix ans la rectitude de coup d’œil et de jugement nécessaire pour ces premiers exercices. Après quelques leçons de ce genre, vos enfants sauront distinguer sur un plan la droite de la gauche, le haut du bas ; il n’y aura plus qu’un pas à faire pour leur montrer comment sur une carte on distingue le nord et le sud, l’est et l’ouest, c’est-à-dire comment on s’oriente et comment les lignes tracées en noir ou en couleur peuvent représenter diverses choses, telles qu’une côte, un cours d’eau. Or, sans carte, il n’y a pas d’enseignement de la géographie, et il faut d’abord que l’enfant soit capable de lire, très-sommairement sans doute, mais de lire quelque chose sur une carte.

Le *plan de la classe* constitue la première série d’exercices. La seconde série est relative à l’*étude de la commune :* elle commence dès que les élèves savent s’orienter et elle se fait également au tableau, par explications du maître et par interrogations. Tracez non plus le plan intérieur de la classe, mais le plan même du bâtiment de l’école ou simplement la position indiquée par un carré ou par un point. Tracez la rue où se trouve cette école, puis les rues voisines, la place du marché, l'église, telle ferme ou telle propriété particulière, et demandez à l'enfant : Comment vas-tu chez toi ? qu'est-ce que représente ceci ? quelles sont les deux routes qui se croisent ici ? montre-moi la place de l'église.

Si vos leçons ont été bien conduites, soyez sûrs que presque tous vos enfants ne tarderont pas à répondre convenablement à ces questions ; car elles ne dépassent pas le niveau de leur intelligence. Ils seront contents pour deux raisons : contents d'avoir bien répondu et contents d'étudier des choses qu'ils comprennent. La leçon donnée dans de pareilles conditions aura de l'entrain, et le maître aura fait faire à ses élèves un pas de plus.

Ce n'est déjà plus un plan, c'est une carte que vous dressez, sans sortir des choses que l'enfant voit lui-même tous les jours. Vous aurez procédé du connu, qui est le terrain, à l'inconnu, qui est la représentation du terrain sur la carte, et vous aurez fait, non pas, à proprement parler, comme vous le voyez, une leçon de choses, mais une leçon appuyée sur des choses bien connues de l'enfant et de vous-mêmes.

Toute commune, comme je vous le disais, quelque peu accidenté que soit son territoire, vous fournit des eaux courantes, des eaux stagnantes, des ondulations du sol. Ne craignez pas d'insister sur ces traits particuliers. Les eaux stagnantes sont des images des lacs ; elles vous donnent l'occasion de parler de rives, souvent de cours d'eau tributaires ; une source sert à expliquer l'origine des rivières et le mouvement général des eaux qui, apportées de l'Océan par les nuages, pénètrent dans la terre par la pluie et en sortent par les sources. Un ruisseau a une rive droite.

une rive gauche, des îles probablement, un bassin ou du moins une portion de bassin connue des enfants : autant de faits à faire observer et à commenter, et autant de notions acquises. La moindre colline ou le simple encaissement au fond duquel le ruisseau coule, me paraît bien préférable à toute définition abstraite pour faire comprendre ce qu'on entend par pente, versant, sommet, crête, précisément parce que l'enfant peut avoir les choses mêmes sous les yeux ou que, du moins, il peut se les représenter à l'esprit quand le maître lui en parle. Là, comme partout, je veux qu'on profite des choses qui tombent sous le sens de la vue, pour épargner à un enfant l'effort de comprendre une abstraction. L'effort risque de demeurer stérile, tandis que, si le maître et l'élève traitent d'une chose que l'un et l'autre ont vue, ils parlent en quelque sorte le même langage : ils s'entendront.

En décrivant le territoire de la commune, vous êtes sortis du village ; car il n'y a que les villes dont toute la superficie soit couverte d'habitations, et, en décrivant les accidents naturels, vous avez pu maintes fois indiquer utilement la raison des œuvres de l'homme dans leurs rapports avec le sol et, par conséquent, avec la géographie : pourquoi des vignes sur ce versant, tandis qu'on n'en a pas planté sur le versant opposé ; pourquoi des prairies dans ce fond ; pourquoi on a pu installer un moulin sur ce cours d'eau ou pourquoi on a dû faire contourner telle colline au chemin de fer.

Sortez maintenant du territoire de votre commune et tracez, toujours au tableau noir, les communes qui avoisinent la vôtre et les chemins qui les relient. Ce sont encore des choses que vos élèves ont vues et sur le détail desquelles vous pouvez invoquer à chaque instant leurs souvenirs ; mais, comme vous ne représentez plus le village que par un gros point, vous leur présentez la carte sous un aspect nouveau et vous les mettez en état de lire dans un atlas ordinaire. Vous comprenez aisément qu'une pareille étude, toujours nécessaire, est susceptible d'un développement variable suivant les lieux, suivant les élèves et suivant le goût même de l'instituteur. Elle peut être très-sommaire comme elle peut être étendue de manière à laisser des notions diverses et très-précieuses aux élèves. Dans ce dernier cas, — et c'est celui que je préfère, — les élèves de la division supérieure y prendront part comme ceux de la division inférieure.

On a été quelquefois trop loin dans l'application de cette méthode. Elle n'est profitable qu'autant que les choses représentées ou expliquées sont familières aux enfants ; car ce qu'on se propose n'est pas de faire connaître la chose même, mais d'employer la chose déjà connue à faire comprendre le mode de représentation ou la raison d'être. Si la chose n'est pas bien connue des enfants, tout avantage disparaît ; le maître ne peut plus invoquer le témoignage des sens. Il n'ira donc pas beaucoup au delà des communes avoisinantes. Étudier ainsi tout le département, puis les départements les plus proches, puis les départements voisins des plus proches et s'étendre peu à peu à toute la France, c'est un procédé factice qui n'a d'autre effet que de jeter la confusion dans l'esprit.

Sans doute, il importe de rattacher la commune à une unité administrative supérieure : cette unité est le *département*. Faites-le donc, mais faites-le brièvement, dites à l'élève que sa commune est une des communes du département de.... et que ce département a pour chef-lieu...;

il n'est pas sans en avoir entendu parler, et de toute façon il est bon qu'il le sache.

Ce n'est pas que je regarde comme superflue une étude détaillée, — dans une certaine mesure, — du département. J'ai à cet égard prêché par le conseil et par l'exemple, et je crois cette étude indispensable dans un bon système d'enseignement primaire de la géographie ; car j'estime que, d'une part, il est avantageux que des enfants connaissent avec certain détail le département dans lequel ils ont des chances pour passer la plus grande partie de leur vie, — la majorité des Français continuent, en effet, à habiter jusqu'à leur mort le département dans lequel ils sont nés, — et que, d'autre part, une étude suffisamment précise et approfondie de la géographie physique, administrative et économique d'une région déterminée et peu étendue forme l'esprit à l'intelligence générale de la géographie. Mais ce n'est pas avec l'élève de la division inférieure qu'il faut entrer dans ces détails. Vous y reviendrez plus tard utilement dans les leçons données à la division supérieure ; or, en ce moment, je m'occupe des débuts de votre enseignement et je vous engage à passer vite ; quand vos élèves sauront que la commune qu'ils ont étudiée est une partie de tel département, qui est lui-même une partie de la France, leur patrie, allez droit à la Terre.

Là encore prenez modèle sur la leçon de choses. Évitez les définitions et montrez un globe, comme je vous en montre un moi-même. — Voici la Terre ou plutôt voici la forme de la Terre. Vous pouvez difficilement, mes enfants, vous faire une idée de sa grandeur ; songez toutefois que notre commune entière n'est que la 36000ᵉ partie de la France, et voyez quelle petite place la France occupe sur le globe terrestre. — Je souhaite que vous ayez tous un globe dans votre école pour faire une pareille démonstration, sensible aux yeux. Elle n'est guère accessible à l'intelligence de vos enfants que par cette voie. Combien d'hommes sont à cet égard comme les enfants, et ne parviennent pas à se faire une idée vraie de la forme de la Terre, faute d'avoir reçu dans leur première éducation une impression juste ! Aucun planisphère ne peut donner cette impression. On y voit ordinairement sur une feuille plane deux cercles, si la projection est orthographique ou stéréographique; un rectangle, si elle est dans le système de Mercator. Quel effort ne faut-il pas pour reconstruire par la pensée le globe et pour retrouver les relations de nord et de sud dans les courbes des degrés de longitude des projections orthographiques et stéréographiques, ou la proportion de grandeur des régions polaires et des régions équatoriales dans le système de Mercator ! J'aime mieux, en général, pour la carte murale la projection de Mercator, parce que, tous les degrés se coupant à angle droit, l'orientation est toujours facile et exacte; mais je ne comprends pas plus qu'on se serve d'un planisphère de ce genre que d'un autre pour donner à des enfants les premières notions sur la Terre.

Un enfant est presque toujours incapable de l'effort dont nous parlons; vous croyez qu'il vous comprend, parce que vous vous comprenez vous-mêmes : vous vous abusez.

Prenez donc un *globe*. Mieux vaut un globe bien fait qu'un globe mal fait; mais ce qui importe avant tout, c'est d'avoir un globe quelconque; car vous devez encore donner là un enseignement très-sommaire, et montrer non pas les détails à propos de la représentation desquels des erreurs peuvent se produire, mais la forme générale et la position relative des continents et des mers. Vous y reviendrez plus tard, comme pour le département, lorsque vos élèves auront suffisamment étudié la France. En ce moment, c'est assez de leur faire apprendre, en les leur faisant voir, la place, la forme et la grandeur relative de chacune des cinq parties du monde et de chacun des cinq océans, de bien montrer leurs relations avec la France, et de leur faire remarquer quelques-uns des traits les plus caractéristiques de la configuration, comme le cap Horn et le cap de Bonne-Espérance. Quand l'impression sera faite dans la mémoire de vos élèves, elle y restera. Il n'est pas plus difficile de faire une impression vraie qu'une impression fausse; ce qui est difficile, c'est de détruire l'impression, quand une fois elle existe : de là l'intérêt qu'il y a à donner tout d'abord aux enfants des idées simples et justes.

Vous pourrez ensuite sans danger étudier la géographie des quatre parties du monde autres que l'Europe sur le planisphère mural. L'esprit de l'enfant reviendra toujours aisément à sa première notion de globe. S'il n'avait pas commencé par là, il ne l'aurait peut-être jamais acquise bien nettement, parce qu'il n'aurait jamais eu peut-être la force d'esprit nécessaire pour chasser l'image fausse qui se serait logée dans son cerveau. (*Applaudissements.*)

Commençons maintenant l'étude de la *France*. Nous avions hâte d'y arriver, parce que la patrie est dans l'école primaire le fonds principal de l'enseignement géographique. Vous pouvez l'aborder avec assurance, car vos élèves possèdent maintenant les connaissances préliminaires qui leur permettront de profiter : ils viennent d'apprendre la place qu'occupe la France sur la terre; ils savent déjà se servir d'une carte, et ils comprennent déjà le sens des principaux termes de géographie dont vous allez vous servir, en leur parlant des montagnès et rivières de la France

Comment donner cet enseignement de la géographie de notre patrie ? Ici encore vous me dispenserez de longs développements ; je ne puis vous faire un cours de géographie. Je me propose seulement de vous indiquer la méthode que je regarde comme la meilleure.

Cherchez toujours à intéresser les yeux de vos élèves : c'est le moyen le plus sûr de fixer leur attention. Ne donnez donc jamais, je vous en supplie, une leçon de géographie sans vous placer vous-mêmes devant la carte murale, et sans avoir à la main une baguette pour indiquer, à mesure que vous expliquez une chose, où cette chose est située, quels sont sa forme, sa longueur, son rapport avec les autres choses de la carte. N'oubliez pas que trois notions doivent entrer en même temps par les sens et par l'entendement dans l'esprit des élèves et y rester : le nom de la chose, la forme de la chose et l'intelligence de la chose. Or, il n'y a que la carte, uniquement la carte, qui puisse donner l'impression de la forme. Ajoutez que cette forme, à son tour, sert souvent beaucoup à l'intelligence de la chose.

Je ne fais aucune comparaison entre le maître qui donne sa leçon devant la carte murale et celui qui parle de sa chaire avec un atlas sous les yeux, en supposant même que tous ses élèves, — ce qui est bien rare, — aient le même atlas entre les mains. La dernière méthode peut suffire à la rigueur quand on n'en a pas d'autre à sa disposition ; mais la première est toujours préférable. Je dirai que seule elle est bonne, parce que l'attention de l'enfant est plus exposée à des distractions quand il suit sur un atlas. Au contraire, lorsque le maître, tout en parlant, montre sur la carte murale la ville, le département, le cours d'eau dont il parle, en dessine en quelque sorte le contour ou en marque les sinuosités avec la baguette, il s'assure plus aisément que tous les yeux sont tournés vers lui, il les retient plus fortement sur l'objet qu'il désigne, et, par conséquent, l'impression de la forme par l'image se fait beaucoup mieux. C'est donc en face de la *carte murale* et toujours sur la carte murale que l'enseignement doit être donné.

J'attache une telle importance à cet usage dans l'enseignement de la géographie que je veux quelque chose de plus encore que la carte murale. J'insiste beaucoup pour que l'instituteur emploie le tableau noir et y dessine chaque fois les choses qui font l'objet de sa leçon, et rien que ces choses. Il y a un grand nombre d'instituteurs qui le font déjà ; je les engage tous à le faire.

Comment le maître s'y prendra-t-il ? Quand il trace au tableau un dessin, dessin d'un système de montagnes, d'un bassin fluvial, d'un département, d'une province, il peut le faire de deux manières : avant la classe ou pendant la classe. Avant la classe, il y a tout d'abord une objection pratique. Vous la connaissez tous : la vie de l'instituteur est très-occupée, et celui-ci n'a pas toujours le temps, avant sa classe de géographie, à laquelle succèdent bien d'autres classes, de tracer sur le tableau noir le cadre de la leçon qu'il va faire

Aurait-il assez de zèle et de loisir pour trouver ce temps, il ne tirerait encore de sa peine qu'un demi-profit. Une carte tracée par avance ne fait pas sur l'esprit des enfants la même impression qu'une carte tracée au moment même où le maître explique la chose. L'enfant qui voit faire un dessin, saisit beaucoup mieux que celui qui voit un dessin tout fait et qui peut n'y apporter qu'une attention distraite. J'aime donc beaucoup mieux que la carte soit faite pendant la classe qu'avant la classe.

Mais la carte faite pendant la classe offre des difficultés particulières. Elle absorbe trop l'attention du maître, qui pendant ce temps se possède moins lui-même pour donner sa leçon orale ou pour veiller à la discipline ; elle est presque toujours très-imparfaite, à cause de la double préoccupation qu'a, dans le même moment, celui qui la dessine et qui manque de points de repère pour donner aux lignes leur direction et leurs proportions véritables. L'image est inexacte dans l'ensemble, bien que souvent tous les détails s'y trouvent ; elle donne une impression fausse aux uns et prête à rire aux autres : grave inconvénient d'un côté comme de l'autre. Je connais par expérience quelques-unes des difficultés de ces tracés à main levée esquissés pendant la leçon ; j'en ai fait souvent et j'en ferai encore ; car dans tout enseignement il y a certaines leçons pour lesquelles on ne saurait se dispenser du tracé au tableau. Dans l'enseignement secondaire et dans l'enseignement supérieur, où l'on a le plus souvent à faire comprendre des détails géographiques ou même topographiques, comme le plan d'une bataille ou les raisons d'un tracé de chemin de fer, il faut absolument dessiner soi-même de toutes pièces la carte au tableau : car il n'y a pas de carte muette à échelle assez grande pour qu'on puisse y représenter de pareils détails. Quant à vous, instituteurs, vous êtes à cet égard dans une condition différente. En dehors de la commune, vous n'avez pas de détails à étudier ; vous devez même les éviter, en vous pénétrant bien de ce principe que vous donnez non pas un enseignement complet pour votre satisfaction personnelle, mais un enseignement primaire et partant sommaire pour la plus grande utilité des enfants que vous avez à diriger. Par conséquent, le *tableau-carte muette* dont je vais vous parler peut toujours vous convenir :

1.

le tableau–carte muette de la France, lorsque vous étudiez la France; le tableau-carte muette de l'Europe ou celui de la Terre, lorsque vous étudiez l'Europe ou la Terre. Il supprime les difficultés du tracé à main levée sur le tableau noir ordinaire, et c'est la première des raisons pour lesquelles je le préfère.

Il y a déjà longtemps qu'on a imaginé de peindre, d'après un système quelconque, une carte muette sur un tableau noir : un des grands éditeurs de Paris m'écrivait, il y a quelques années, que, dès 1834, il trouvait un tableau de ce genre porté sur son catalogue. Mais, entre l'idée d'un auteur et la pratique de l'enseignement, il y a souvent une longue distance; jusqu'à présent l'usage du tableau-carte muette est peu répandu. Essayons de faire comprendre le parti qu'on en peut tirer, en employant le tableau–carte muette que j'ai fait placer ici et qui, sur un fond noir, contient seulement les limites des départements et la position des chefs-lieux peints en blanc : ce sont des points de repère (1).

Je suppose que vous étudiez en ce moment dans votre classe les fleuves de France et particulièrement la Garonne, je me mets à votre place pour faire la leçon.

« La Garonne ne prend pas sa source en France; elle naît dans les Pyrénées espagnoles, au val d'Aran... »

En parlant, comme vous le voyez, je marque avec la craie bleue la source du fleuve et son cours dans le val d'Aran.

---

(1) Le tableau-carte muette dont se servait le professeur est dressé à l'échelle du 600,000ᵉ, soit un millimètre pour 600 mètres. Nous reproduisons ici sur une petite carte muette portant les mêmes points de repère et dressée à l'échelle du 7,000,000ᵉ, ou d'un millimètre pour 7 kilomètres (et par conséquent environ 11 fois plus petite en longueur et en largeur) les croquis tels que le professeur les a rapidement esquissés pendant sa leçon avec le crayon bleu et le crayon bistre.

« Puis elle entre en France, tout en coulant encore dans une région de montagnes... »

Ajoutez ou n'ajoutez pas, suivant le détail qu'il vous plaît de donner : « au Pont-du-Roi » ; mais arrêtez un instant votre trait de crayon à la frontière française ; puis continuez :

« La Garonne coule vers le nord-est en traversant le département de la Haute-Garonne où elle baigne Toulouse... »

Et, au moment où vous prononcez le nom de Toulouse, votre trait de crayon doit arriver au point qui représente cette ville.

« Parvenue à Toulouse, la Garonne, qui a coulé du sud-ouest au nord-est, change à cet endroit la direction de son cours. Jusque-là, elle descendait vers le nord-est en suivant la pente générale des Pyrénées ; à partir de là, elle subit l'influence du Massif central de la France dont les dernières pentes forment une barrière qu'elle ne peut franchir, et dont elle longe le pied en se dirigeant du sud-est au nord-ouest, à travers une plaine fertile. »

Vous voyez que, tout en suivant le cours du fleuve et en le dessinant, je m'applique à donner la raison des principaux phénomènes ; première direction du sud-ouest au nord-est, seconde direction du sud-est au nord-ouest ; de même que je passe sous silence les autres détails d'explication, je supprime à dessein aussi le détail des sinuosités pour mieux laisser apparaître les directions principales, et à mesure que mon trait de crayon avance. je nomme les départements et les villes.

« La Garonne passe dans le département de Tarn-et-Garonne, dans celui de Lot-et-Garonne, arrose Agen, et enfin. en suivant toujours la même direction. elle atteint le département de la Gironde, Bordeaux, puis le Bec-d'Ambès. où elle reçoit la Dordogne et prend un nom nouveau, celui de Gironde. Elle a, en effet, depuis ce confluent, un aspect tout nouveau ; c'est presque un bras de mer, qui appartient à la navigation maritime et non plus à la navigation fluviale. La navigation maritime commence même avant le Bec-d'Ambès, la marée remontant dans la Garonne jusqu'à Bordeaux et par delà. C'est précisément ce qui a permis de faire de cette ville un des principaux ports de France, de même qu'on a fait, à peu près à la même distance, un port moins important sur la Dordogne, à Libourne ; dans le pays on désigne sous le nom d'Entre-deux-Mers la petite langue de terre voisine du Bec-d'Ambès qui est en réalité entre deux rivières, mais entre deux rivières animées par le flux et le reflux qui aident les navires à descendre et à remonter. »

Quand vous avez ainsi expliqué le cours de la Garonne par un tracé aussi simple et par un commentaire aussi bref, — et je n'ai certainement pas mis cinq minutes à vous l'expliquer moi-même, — vous avez fait tout autre chose que d'apprendre un nom propre à vos élèves. Vous avez, en premier lieu, tracé une image, qui, dessinée à mesure que vous parliez, laisse dans l'esprit de l'enfant une impression plus vive ; vous avez, en second lieu, expliqué à l'enfant les principales choses qu'il doit comprendre et qui feront que la Garonne ne sera pas pour lui seulement un mot ni même une simple image, mais la connaissance géographique de phénomènes soumis à certaines lois. Il connaît les raisons de trois phénomènes de ce genre : direction du sud-ouest au nord-est ; direction du sud-est au nord-ouest ; navigation maritime.

Je n'en ai pas indiqué d'autres, et dans beaucoup de cours de l'enseignement primaire il convient de n'en pas dire davantage. (*Applaudissements.*)

Sur le tableau-carte muette, l'œil de l'enfant est tout préoccupé et uniquement préoccupé du cours de la Garonne. Sur les cartes murales, ce cours est mêlé à beaucoup d'autres images, ce qui fait que l'impression, étant complexe, est moins précise et moins profonde. Cette raison suffirait à expliquer pourquoi il y a profit à représenter, au moment même de la leçon, la chose dont on parle, ainsi que je viens de le faire.

J'ajouterai qu'à l'aide de ce procédé vous apprenez à l'enfant deux choses : d'abord le cours de la Garonne même, ensuite certaines relations de la géographie physique et de la géographie politique. Il a fallu que je suivisse le fleuve de département en département, Haute-Garonne, Tarn-et-Garonne, Lot-et-Garonne, Gironde; l'élève suit en même temps que le maître, et il retient les deux notions intimement liées l'une à l'autre, comme les deux images qui en réalité n'en font qu'une dans sa mémoire.

Ces rapports entre la géographie physique et la géographie politique, qui s'établissent nécessairement sur le tableau-carte muette, sont à la fois un soutien et un embarras, je le sais bien. Voici comment. Si, sur un tableau noir ordinaire, on dessine mal le cours de la Garonne, on a la ressource de rejeter la défectuosité du dessin sur l'inexpérience de la main. Ici l'inexpérience de la main n'est pour rien. Il faut savoir; mais aussi il suffit de savoir pour bien dessiner. Qui sait ne s'avisera jamais de faire passer la Garonne par Montauban, ou bien de ne pas la faire passer par le département de Tarn-et-Garonne. Aussi celui qui sait y trouve-t-il un soutien qui, guidant sa main, lui permet de tracer avec précision tout ce qu'il veut montrer et de promener son trait de département en département, et de chef-lieu en chef-lieu. Quand

on ne sait pas, on ne saurait masquer longtemps son igno-
rance. C'est pourquoi je considère le tableau-carte muette
comme très-utile, non-seulement pour la leçon du maître
qui, étant tenu de savoir, doit y trouver un soutien,
mais aussi pour l'interrogation de l'élève qui, étant exposé
à ne pas savoir, peut être très-justement mis dans l'embarras par ce procédé accusateur.

Envoyez un élève devant ce tableau et dites-lui : « Tracez
le cours de la Seine. » S'il sait avec précision, tout va
bien. S'il sait imparfaitement, il mettra peut-être la source
de la Seine dans le département de l'Yonne et il fera passer
le fleuve dans le département de l'Oise ; le tableau-carte
muette décèlera immédiatement son erreur et donnera au
maître l'occasion de la lui faire rectifier. Sur un tableau
noir ordinaire, aucun point de repère n'eût permis cette
correction, à moins que l'élève n'eût commis la faute plus
grossière de dire : « La Seine prend sa source dans le département de l'Yonne. » Mais l'élève peut précisément avoir
appris le mot *Côte-d'Or* dans son livre sans être capable
de désigner l'emplacement de la source sur la carte et de
distinguer du premier coup d'œil le département de l'Yonne
de celui de la Côte-d'Or. S'il eût fait un dessin incorrect
sur le tableau ordinaire, le maître ne l'aurait probablement
pas repris, pourvu qu'il eût placé les grandes villes arrosées
et les affluents dans leur ordre ; on n'en saurait demander
davantage, et l'on reste dans l'incertitude de savoir si
l'incorrection est dans l'intelligence ou dans la main de
l'élève.

Je voudrais indiquer encore un avantage particulier que
le tableau-carte muette offre à l'enseignement. Pendant
que le maître y dessine les traits ou y marque les lieux
relatifs à la leçon, l'élève peut avoir devant lui, à côté de

son atlas, une petite carte muette portant exactement les mêmes points de repère et reproduire exactement le tracé du tableau. Ce sont pour lui des notes aussi faciles à prendre que précises, et si le maître veut s'assurer du degré d'attention que les élèves lui ont prêtée, il peut le faire d'un coup d'œil en examinant les cartes muettes. Le procédé serait, dans l'état actuel, peu applicable dans l'école communale, parce qu'il serait trop coûteux (1). Mais il peut dès aujourd'hui et il devrait être employé journellement dans les écoles normales primaires; les élèves se constitueraient ainsi, sans avoir à dépenser tout le temps qu'ils consacrent à copier et à peindre des cartes, une sorte d'atlas analytique de la France qui correspondrait à chacune des leçons de l'école normale et qu'ils pourraient ensuite reproduire, en le simplifiant, dans l'école primaire.

Je recommande à plusieurs titres l'usage de ces cartes muettes. Il m'est arrivé plus d'une fois de m'en servir pour une inspection. Je remets à chaque élève une carte muette, et je pose de vive voix un certain nombre de questions. Par exemple : « Tracez les canaux qui réunissent le bassin de la Seine aux bassins voisins. — Dessinez le cours du Rhin. — Dessinez les Cévennes. » Les élèves font leur tracé; c'est l'affaire de quelques minutes. Le difficile n'est pas tant de faire une réponse que de faire une réponse exacte, c'est-à-dire de mettre chacun des traits dans les départements où ils doivent être. Ensuite, en moins d'une demi-heure, quand on a l'habitude de la carte, on peut examiner les

---

(1) Il existe un moyen d'épargner la dépense et d'avoir le profit de la carte muette. Je l'ai déjà indiqué à plusieurs reprises. Il consiste à prendre une carte muette, à noircir fortement à la plume les côtes, les limites et la position des villes et à s'en servir comme d'un transparent à l'aide duquel l'élève peut faire toute la série des cartes relatives à la France.

réponses d'une classe de cinquante élèves, juger de l'ensemble et même classer chaque élève avec une précision que ne donne jamais l'interrogation orale.

Quelque fructueux que soit l'emploi du tableau-carte muette, je ne conseille pas cependant de donner ses leçons sur la France exclusivement avec ce tableau. Il faut toujours, suivant moi, que le maître ait aussi une carte murale ou une carte en relief (je n'aurai pas le temps de vous parler aujourd'hui de l'emploi des reliefs, que je regarde comme de puissants auxiliaires de l'enseignement par intuition), parce qu'à côté de l'objet particulier que le tableau-carte muette met seul en lumière, il faut que l'élève puisse se faire une idée de la relation de cet objet avec l'ensemble même du pays. Le maître ne parlera peut-être pas de la carte; mais l'élève la verra, et cette vue suffira pour le garantir d'une erreur et pour l'aider à classer la notion qu'il reçoit à sa place, à côté de celles qu'il a déjà reçues. Le maître doit, à la fin du cours de géographie, avoir produit un effort tel que l'élève ait la carte de France gravée dans sa mémoire, dans la mesure où le maître lui a expliqué la France.

Voilà, sur ce point, la méthode et ses principaux effets. Afin de vous en bien pénétrer, je prendrai un second exemple, celui du cours de la Loire.

« La Loire prend sa source dans le département de l'Ardèche... »

Je marque avec la craie bleue le point où est cette source, et je continue. Je puis dire : « Elle prend sa source au Gerbier-de-Jonc. » J'aime mieux : « Elle prend sa source au pied d'une des nombreuses montagnes volcaniques du Vivarais qu'on appelle le Gerbier-de-Jonc... » En ajoutant ainsi quelques mots, je donne, au lieu d'un nom propre, une description qui intéresse et qui instruit davantage.

« La Loire entre dans le département de la Haute-Loire ; elle passe presque au pied de la ville du Puy ; elle passe ensuite dans le département de la Loire sans arroser Saint-Étienne ; de là, dans le département de Saône-et-Loire, puis sur la limite des départements de Saône-et-Loire et de l'Allier. Dans la première partie de son cours, la Loire, quoique à sa naissance elle ait commencé par descendre vers le sud le versant méridional du Gerbier-de-Jonc, coule dans la direction du sud au nord, en se conformant à la pente générale du terrain dans la moitié septentrionale du Massif central ; elle n'en dévie que par quelques crochets sans importance ; elle est d'abord étroitement encaissée entre des terrains montagneux dont les hauteurs s'écartent seulement sur quelques points pour élargir sa vallée ; ce n'est qu'après être sortie du département de la Loire qu'elle commence à couler dans une région de plaines.

« Cependant, parvenue dans le département de la Nièvre, elle rencontre un massif considérable de montagnes qui n'ont pas une très-grande élévation, mais qui lui opposent une barrière infranchissable ; c'est le massif du Morvan. Elle est détournée de sa direction septentrionale, et s'infléchit vers le nord-ouest en coulant au pied du Morvan, puis des collines du Nivernais, et en arrosant Nevers. Elle coule ensuite sur la limite des départements de la Nièvre et du Cher, et dans le département du Loiret, en descendant jusqu'à Orléans dans cette même direction du sud-est au nord-ouest. Orléans est situé au point le plus septentrional de son cours. »

A mesure que je parle, je trace, comme vous venez de le voir, le cours du fleuve en observant exactement chacune des particularités que j'indique. Remarquez aussi que j'ai dit que la Loire descendait jusqu'à Orléans ; n'oubliez pas qu'un cours d'eau descend toujours, qu'il aille au sud, au nord, à l'est ou à l'ouest, et qu'il importe, surtout lorsqu'on s'adresse à des enfants, de n'employer que des expressions justes.

J'ai dit aussi : « Orléans est situé au point le plus septentrional du cours de la Loire. » C'est en effet un point de repère important qu'il faut noter. C'est aussi l'occasion de donner en passant une notion utile : il ne faut pas la négliger. J'ajoute donc : « Le point le plus septentrional du cours de la Loire est aussi celui où ce fleuve est le plus voisin du bassin de la Seine ; les bateaux qui remontaient le cours inférieur de la Loire et ceux qui descendaient le cours supérieur, apportant des marchandises destinées à Paris, s'arrêtaient naturellement à cet endroit et, de bonne heure, il a dû se créer à cette place un port qui est devenu une grande ville. »

C'est ainsi que Toulouse, dont nous parlions tout à l'heure, a été bâtie à la partie la plus orientale du cours de la Garonne, en face du passage de Naurouse, c'est-à-dire à l'endroit où les communications avec les bords de la Méditerranée étaient le plus voisines et le plus faciles. Comme la Méditerranée a été une région de commerce très-importante avant le bassin de la Seine, Toulouse était une cité considérable bien avant qu'Orléans fût une grande ville, quoiqu'il y eût, dès l'antiquité gauloise, une ville à l'endroit où est aujourd'hui Orléans.

Je continue, comme si l'un de vous faisait la leçon à ses élèves :

« A partir de la ville d'Orléans, le cours de la Loire subit une troisième influence : celle des collines de Normandie et des coteaux du Perche, d'où tant de cours d'eau descendent dans des directions divergentes et dont les dernières pentes, presque insensibles, font quelque peu dévier la Loire vers le sud-ouest. C'est ainsi qu'elle arrose la partie occidentale du Loiret, qu'elle traverse le Loir-et-Cher en baignant Blois et l'Indre-et-Loire en baignant Tours. »

Je trace toujours, au fur et à mesure, le cours du fleuve sur le tableau-carte muette, et je m'applique à le faire passer près de la position des chefs-lieux, de manière à bien indiquer sur quelle rive ils se trouvent.

« Au delà de Tours, près de Saumur, la Loire, rencontrant sur sa rive gauche les terrains anciens du Bocage vendéen, se recourbe légèrement vers le nord-ouest et décrit de Saumur à Nantes un arc de cercle dont la convexité est dirigée vers le nord, sans qu'elle atteigne cependant Angers. Elle arrose les départements de Maine-et-Loire et de la Loire-Inférieure. A Nantes pour la Loire, comme à Bordeaux pour la Garonne, commence un régime nouveau, celui de la navigation maritime, parce que la marée remonte jusque-là. »

C'est ainsi qu'en donnant des explications peu nombreuses, mais choisies de manière à mettre en lumière les principaux faits que la mémoire doit retenir, et en traçant toujours la carte au tableau, vous enseignez d'une manière sensible et rationnelle la géographie de la Loire. (*Applaudissements.*)

Les seules raisons que j'aie données du cours de la Garonne et de la Loire sont la pente du sol qui fait couler l'eau et l'obstacle d'un relief qui fait dévier le cours. En effet, le cours des eaux est étroitement subordonné aux mouvements du terrain, vous la savez bien ; mais vos élèves ne le savent pas toujours, et il importe de leur bien faire comprendre cette notion fondamentale.

Oui, les eaux sont subordonnées ; c'est le relief du sol qui est leur maître, qui les arrête en manière de lacs et d'étangs ou qui les dirige sous forme de torrents, de rivières et de fleuves. Le relief du sol et le cours des eaux sont deux aspects distincts de la géographie : le premier existe par lui-même et est indépendant ; le second est le résultat du premier et ne peut être compris qu'autant que le premier est déjà connu.

Il y a donc un inconvénient pour un bon enseignement géographique, c'est-à-dire pour un enseignement qui, voulant expliquer les choses afin de les faire comprendre, s'applique à rattacher les effets à leur cause, il y a, dis-je, un inconvénient à ne pas faire connaître dans l'étude d'un pays le système général du relief de son sol avant de parler du cours de ses eaux. J'ai toujours pensé qu'il était bon de commencer par le relief, qui peut être expliqué indépendamment de toute autre considération dans l'école primaire, — car, dans l'enseignement secondaire, il est utile de remonter jusqu'à la géologie pour expliquer les formes du terrain. — Quand l'élève a étudié le modelé général du terrain, c'est-à-dire les grandes chaînes de montagnes, ou même les rangées de collines caractéristiques, comme les collines de Normandie, les régions hautes composées de chaînes ou de plateaux, les régions de plaines et les directions principales des pentes du sol, le maître peut aborder l'étude des cours d'eau.

Les élèves et, je dirai même, les maîtres acquerront-ils une idée suffisante de ce modelé par l'ancienne méthode, qui est encore aujourd'hui la plus suivie et qui fait du relief du sol le premier paragraphe de l'étude d'un fleuve, sous la dénomination de ceinture du bassin? Je ne le pense pas. Vous connaissez le procédé. On étudie la géographie physique bassin par bassin; en commençant chacun des bassins, on en indique la ceinture, que trop souvent, par une malheureuse expression, on nomme la ceinture de montagnes. Or vous savez qu'il est absolument faux de dire que chaque bassin soit séparé des autres bassins voisins par des montagnes; il peut l'être par des montagnes comme par des collines, par des plateaux ou même par des plaines.

On s'imagine que ce procédé donne plus d'ensemble à la géographie physique en présentant un bassin entier sous sa double forme orographique et hydrographique. On se trompe; loin d'avoir une vue d'ensemble, on morcelle ce qui ne devrait jamais être séparé, et on porte par suite la confusion dans l'esprit de l'enfant.

La ceinture du bassin est presque forcément réduite à une nomenclature sèche, parce que, si l'on peut par quelques mots de description donner le caractère d'une chaîne, on ne décrit guère dans des leçons élémentaires un fragment de chaîne, un versant; or, ce n'est jamais une chaîne entière, mais un versant qu'on rencontre d'un côté de la ligne de partage des eaux. Tous les noms propres énumérés à la suite risquent ainsi d'avoir pour les enfants la même importance et d'évoquer la même image : c'est la ceinture. Dans la ceinture du bassin de la Loire, ils trouvent la Margeride et la Beauce, comme dans la ceinture du bassin de la Garonne, les Pyrénées et les Landes; des formes de terrain qui n'ont aucun rapport s'associent de cette façon dans leur mémoire et revêtent le même aspect dans leur imagination. Le bassin tout entier leur apparaît comme une sorte de cuvette échancrée d'un côté pour laisser entrer le fleuve dans la mer. Les maîtres eux mêmes, sans faire d'aussi grossières confusions, ne sont pas à l'abri de ce genre d'erreur quand ils ont appris la géographie par l'ancienne méthode, et trop souvent les cartes qu'ils ont sous les yeux les entretiennent dans cette illusion : ils prennent pour l'expression même du terrain des hachures ou des ombres qui ne sont que l'expression de l'idée imaginaire d'un cartographe n'ayant pas eu plus qu'eux l'occasion d'apprendre. C'est surtout pour donner par des images sensibles des idées justes à cet égard, que les cartes en relief bien faites sont utiles.

N'est-il pas aussi facile et beaucoup plus rationnel de commencer par la description des montagnes envisagées en elles-mêmes? Je prends comme exemple les Alpes. Dans le système des ceintures, vous auriez dit en commençant le bassin du Rhône : « Il a pour ceinture à l'est les Alpes; » et vous auriez peut-être ajouté : « qui sont la plus haute chaine de montagnes de l'Europe. » Mais l'élève n'aurait toujours vu qu'une bordure, un mur mitoyen entre deux bassins. Il aurait pu se figurer le mur d'une hauteur gigantesque et d'une épaisseur énorme; mais il n'aurait aucune idée de la contrée qui s'étend entre la plaine du Piémont et la vallée du Rhône, parce que cette contrée est hors de la ceinture.

Pourquoi les enfants se feraient-ils en effet une idée différente de l'aspect de la contrée qui est située entre la crête des Alpes et le Rhône et de celui du bas Languedoc, qui est situé entre la crête des Cévennes et la Méditerranée? Rien dans la leçon du maître, rien sur la carte, si elle est dessinée d'après le même système, ne l'invite à faire de différence; à ses yeux, tout ce qui n'est pas ceinture ou tout ce qui ne lui a pas été indiqué comme chaine, est plaine ou à peu près.

Supposez que cet élève devenu homme vienne dans le Dauphiné : il verra de toutes parts entassement de montagnes, longues crêtes hérissées de pics, étroites et profondes vallées. Il aura le droit de dire : « J'ai pourtant appris la géographie, mais on ne m'a rien enseigné de tout cela. » Et ce n'est certes pas un détail qu'il reprochera à son maître d'avoir omis. Si le même élève va dans le Languedoc, il ne verra au pied de la chaîne qu'une plaine. Qui l'en a averti ? Et s'il va d'Orléans à Paris, il ne verra encore qu'une plaine, et il sera fort surpris ; car il semblait qu'en lui citant la Beauce comme ceinture, on lui avait annoncé tout autre chose.

Il est donc beaucoup plus rationnel d'étudier d'abord les Alpes pour elles-mêmes, sans se préoccuper de limites de bassins, et de dire :

« La contrée qui s'étend entre la plaine où coulent le Pô et ses affluents et le cours du Rhône (que nous étudierons plus tard), — ce qui n'empêche pas de tracer au tableau le cours du Rhône afin de délimiter le massif alpestre, — est une contrée montagneuse, toute couverte de hautes chaînes que séparent de profondes vallées. »

Cette manière de faire connaître les Alpes n'est ni plus longue ni plus difficile que l'autre. Cependant, la craie à la main (je prends un crayon de craie bistre), vous tracez sur le tableau-carte muette, non pas une arête, mais un massif représenté par quelques hachures et couvrant en effet toute la contrée, comme je le fais moi-même en ce moment. Après cette première notion générale, ajoutez :

« La ligne de partage des eaux de ce grand massif montagneux, qu'aucun autre massif d'Europe (excepté le Caucase situé sur la limite de deux parties du monde), n'égale en hauteur et en étendue, est située sur la frontière de la France et de l'Italie. »

Je marque d'un trait plus fort cette ligne de partage.

« Dans la ligne de partage se trouve le mont Blanc, la plus haute montagne de la chaîne, ainsi nommé parce qu'il est couvert de neiges perpétuelles et de glaciers. A l'est de la ligne de partage les montagnes s'étendent sur l'Italie beaucoup moins loin qu'à l'ouest sur le territoire français. Dans le Dauphiné, on trouve le massif du Pelvoux, dont les sommets sont plus élevés qne la plupart de ceux de la ligne de partage. »

Et vous marquez le massif du Pelvoux.

Je m'arrête, parce que je ne veux donner que la mesure d'un enseignement tout à fait élémentaire, et montrer que la méthode rationnelle s'y adapte. Il est certain que, dans beaucoup de cours primaires, les instituteurs donneront plus de détails, nommeront les grandes divisions de la ligne de partage, les Alpes de Savoie, du Dauphiné, etc., et décriront ce qu'ils nommeront. Mais leur enseignement pourra toujours entrer dans le cadre que je trace, et assurément l'impression qui demeurera dans l'esprit de l'élève au sujet de l'aspect de la contrée, sera bien autrement juste que celle qu'aurait laissée l'énumération des chaînes de ceinture.

Ce point est le dernier que je veuille traiter aujourd'hui : j'y insiste par un second exemple, celui du Massif central de la France. Je dis *Massif central*. Je crois qu'il y a une douzaine d'années on ne disait rien de ce genre ni dans les écoles primaires ni dans les lycées, quoiqu'il existât déjà depuis longtemps des ouvrages savants, dans lesquels était mise en évidence l'importance de cette région de hautes terres située au centre de notre pays. J'ai moi-même, dans mes premiers ouvrages, désigné cette région sous le nom de Plateau central. Une étude plus approfondie m'a fait préférer celui de Massif central ; car c'est un véritable massif dans lequel on trouve des plateaux, des chaînes et des terrasses.

Dans le système de la ceinture vous diriez : « Le bassin de la Loire a pour ceinture méridionale la Margeride, les monts d'Auvergne, les monts du Limousin. » Vous répéteriez à peu près les mêmes noms pour la ceinture du bassin de la Garonne, et vous ne feriez probablement aucune distinction entre cette ceinture méridionale du bassin de la Loire et la ceinture septentrionale formée des collines du Nivernais, du plateau de la Beauce, des collines de Normandie. Que deviendrait le Massif central de la France? Il n'en serait pas question ; c'est pourquoi en effet l'enseignement a paru en ignorer si longtemps l'existence.

Commencez donc, avant de parler des eaux, par dire, lorsque vous traitez du relief du sol :

« Il y a au centre de la France un grand massif de hautes terres tout enveloppé de plaines. Ce massif est bordé à l'est et au sud par une longue chaîne désignée sous le nom de Cévennes, et il se compose de plateaux, surtout dans sa partie méridionale, de terrasses, c'est-à-dire de terrains inclinés en pente douce, de chaînes de montagnes et de dômes isolés. L'ensemble forme une masse de terres élevées au-dessus des régions avoisinantes qui occupe une grande partie du centre de la France.

» Vers le milieu du massif règne une ligne de partage des eaux, très-peu élevée au-dessus des plateaux sur certains points, beaucoup plus élevée sur d'autres, par exemple, dans les volcans d'Auvergne.» — Selon le développement que vous devez donner à votre enseignement vous nommerez ou vous ne nommerez pas les chaînes qui forment la ligne de partage. — « De ce massif descendent de très-nombreux cours d'eau disposés en forme d'éventail et coulant par les hautes vallées du massif jusque dans les plaines, où ils se rendent, comme affluents, à la Loire, à la Charente ou à la Garonne. »

Je n'ai pas été beaucoup plus long à décrire cette vraie forme du terrain et à la tracer au tableau que vous ne l'eussiez été à énumérer les chaînes de la ceinture, et j'espère avoir été plus instructif. Si vos élèves, après une leçon faite dans cet esprit, voyagent quelque jour dans le centre de la France, ils seront préparés à comprendre cette région qui a en effet un aspect tout différent de celui des autres régions de la France, non-seulement par son relief, mais par le régime de ses eaux, par ses cultures et jusque par les mœurs de ses habitants (*Applaudissements.*)

Il n'est pas plus difficile de figurer au tableau un massif qu'une crête : nous l'avions fait pour les Alpes ; nous venons de le faire pour les Cévennes et le Massif central en moins de deux à trois minutes. Mais il faut que le maître soit guidé dans son esquisse par une carte qui donne elle-même, sous une forme quelconque, l'aspect des massifs et la distinction des hautes et des basses terres. L'hypso-métrie est le moyen le plus sûr pour ce genre de repré-sentation. Si la courbe qui la détermine ne peut être tracée qu'avec des connaissances et par des procédés scientifi-ques, l'instituteur n'a pas à s'inquiéter de la peine que le cartographe a prise et qu'il lui épargne. Il lui suffit d'avoir trouvé une expression claire pour traduire une notion juste et simple ; il indique simplement par ses hachures les terrains hauts qu'il distingue par là des terrains bas : tout enfant le comprendra.

Cette étude du relief du sol n'empêche pas le maître, lorsqu'il traite des eaux, de parler de la ceinture. Il reviendra ainsi sur des noms déjà cités : il ne faut pas craindre de répéter les noms propres de la géographie, afin de les bien graver dans la mémoire ; il y a même avantage à les répéter en les présentant sous un nouvel aspect, et le maître le fera cette fois sans inconvénient, parce que la description préalable du sol ne permettra pas à l'erreur de se loger dans l'imagination de l'élève. Je disais de même tout à l'heure que lorsque les élèves avaient vu la Terre sous la forme d'un globe et que l'impression était faite, il n'y avait plus d'inconvénient à étudier le détail sur un planisphère.

Si le maître dessine, comme il doit le faire, la ceinture au tableau, qu'il se garde bien, même alors, de tracer des arêtes ; qu'il marque sommairement la partie du massif qui appartient au bassin en indiquant d'un trait plus fort la ligne de partage, et, quand cette ligne est une plaine, comme en Beauce, qu'il la distingue par des traits interrompus ou par quelque autre moyen. L'important est de ne pas laisser l'enfant confondre des choses distinctes.

Avant qu'on efface les dessins que nous avons tracés pendant cette leçon sur le tableau-carte muette, je vous ferai remarquer que je me suis servi à dessein de crayons de différentes couleurs. J'en ai employé deux, le bleu pour les eaux, le bistre pour les montagnes ; j'aurais employé le blanc pour les noms et le rouge pour les chemins de fer, si j'avais fait une carte plus complète. Je n'ai pas inventé ce procédé. Il a été employé pour la première fois et avec succès à l'école normale de Saint-Egrève par mon ami M. Chappuis, lorsqu'il était recteur de l'académie de Grenoble. Il a l'avantage de donner à la carte une plus grande clarté et un aspect plus agréable : ce qu'il ne faut jamais dédaigner quand on peut obtenir ce résultat sans rien sacrifier du sérieux de l'enseignement. Si le procédé est trop dispendieux pour beaucoup d'écoles primaires, il est toujours applicable dans les écoles normales.

Une des difficultés que présente l'usage du tableau-carte muette consiste, comme je le disais, dans le rapport précis que le trait doit avoir avec les repères. Le maître pourrait par là être mis dans l'embarras, et il faut toujours éviter qu'un instituteur se trouve embarrassé en présence de ses élèves. La carte murale, en face de laquelle, comme je le disais aussi, il doit donner toujours sa leçon, est là pour le tirer d'affaire et pour lever la difficulté. Que le maître commence par montrer l'objet sur la carte murale avant de le dessiner et dise aux élèves :

« Vous voyez, descendant à travers le massif montagneux des Alpes, les affluents de la rive gauche du Rhône. Voici l'Isère ; elle prend sa source dans les Alpes Graies, passe dans les départements de la Savoie, de l'Isère et de la Drôme, baigne Grenoble, et suivant les sinuosités de sa profonde vallée, elle affecte la forme d'une ligne brisée; reproduisons-la sur la carte muette. »

Le maître qui a pris cette précaution, a pu pendant ce temps-là voir exactement sur la carte et se remémorer la chose qu'il représente ensuite sur le tableau-carte muette, sans danger pour lui-même et avec avantage pour ses élèves. Faisons de même pour la Durance et traçons-en ensuite le cours sur le tableau noir. Il n'est personne, même parmi les plus savants, qui soit à l'abri d'une défaillance de mémoire à certains moments; il est donc bon que le procédé soit combiné de manière à ne pas mettre les maîtres en défaut devant des enfants qui n'ont ni la maturité d'âge ni la science suffisantes pour être indulgents.

Je ne vous retiendrai pas plus longtemps, quoique je

sois loin de vous avoir tracé toute la méthode de l'enseignement primaire de la géographie; je vous ai prévenus
que je me contenterais de vous donner certains conseils.
Il est cependant une dernière recommandation que je ne
veux pas omettre entièrement, c'est celle qui est relative
à la géographie économique. Puisque le plan général est
d'éveiller chez l'enfant l'intelligence des choses géographiques, il faut lui présenter le tableau géographique sous
ses principaux aspects. Le sol, les eaux, les circonscriptions
administratives ne suffisent pas. Il y a des relations du sol
avec l'agriculture, l'industrie, le commerce, qui ne sont
pas moins générales et qui sont tout aussi importantes.
L'existence d'un grand nombre de pâturages ou de prairies
dans une contrée, celle des forêts dans une autre, la présence de la houille ici, de fabriques de sucre là, sont des
rapports d'effet à cause qui unissent le travail de l'homme
au sol sur lequel il vit. Ne craignez pas d'aborder les faits
géographiques de l'ordre économique, à condition de le
faire d'une manière à la fois claire et sobre. Quand vous
rencontrez une grande ville, montrez non-seulement où
elle est située, mais, si vous le pouvez, pourquoi elle est
située en ce lieu. Il importe plus pour la connaissance
véritable de la géographie de la France d'avoir appris trois
ou quatre bassins houillers, tels que ceux de Valenciennes,
de la Loire, d'Alais, que de savoir le nom d'une sous-préfec-
ture comme Boussac ou d'un cours d'eau comme le Furens,
quoiqu'il arrose un chef-lieu de département. Quand vous
aurez montré sur la carte l'emplacement de ces bassins,
ajoutez que partout où la houille est en abondance, il y a
un grand nombre d'usines et de manufactures, et que partout où il y a une grande activité industrielle, il y a une
population nombreuse.

Le tableau peut être très-sommaire. Mais les grands traits de la géographie physique, administrative et économique doivent y être indiqués, afin que, les cadres géographiques une fois constitués dans l'intelligence de l'élève, le jeune homme puisse y mettre plus tard à leur place les connaissances successives qu'il acquerra. Autant que possible, ces traits d'espèces diverses doivent se raccorder entre eux; par exemple, il est bon, quand on parle des grandes lignes de chemins de fer, de faire voir qu'elles suivent en général les vallées ou passent d'un bassin dans un autre par les dépressions les plus basses; quand on parle des ports, de dire comment les plus considérables sont placés non loin de l'embouchure des grands fleuves.

Je m'arrête et je résume en quelques mots les conseils que je vous ai donnés sur l'enseignement de la géographie dans l'école primaire.

Vous avez un double but à poursuivre : *faire apprendre* et *faire comprendre*; il faut vous adresser par conséquent à la mémoire et à l'intelligence et vous servir des yeux, c'est-à-dire *faire voir*, pour mieux arriver à l'une et à l'autre; déposer une notion particulière dans le magasin de la mémoire et, en ayant le soin de présenter convenablement cette notion, ne rien enseigner qu'on n'explique, et aller, autant que possible, du connu à l'inconnu, pour concourir au développement général de l'intelligence des élèves.

Pour atteindre ce double but, et pour tenir les yeux et l'esprit de vos élèves constamment ouverts, je vous ai indiqué un certain nombre de procédés : l'étude du *plan de la classe*, l'étude de la *commune*, l'indication du lien qui, par le *département*, rattache la commune à la France, indication qui sera suivie plus tard de l'étude détaillée du département; la vue du *globe*; l'étude de la *France*,

qui forme le fonds principal de votre enseignement géographique ; l'emploi constant pour cette étude (j'aurais pu faire
la même démonstration pour l'étude de l'Europe et pour
celle de la Terre), de la *carte murale*, ou de la *carte en
relief*, et, en même temps, du tableau noir ou mieux
du *tableau-carte muette*; le tracé sur ce tableau de
chaque chose à mesure qu'on l'explique, et, comme acces-
soire, l'interrogation de l'élève à l'aide de ce tableau et
l'emploi des petites cartes muettes; l'étude de la France
sous le point de vue du *relief général du sol* précédant
l'étude des *bassins fluviaux*, et l'indication des principaux
traits de la *géographie économique*, afin de donner un
ensemble au tableau, même le plus sommaire.

Voilà quel but vous devez vous proposer et quels procédés
vous devez employer pour donner un enseignement qui ne
soit pas réduit à une nomenclature et qui profite à d'autres
facultés que la mémoire.

Je ne me dissimule pas que pour atteindre le but il y
a de sérieux obstacles à surmonter. Mais je sais aussi que
tout ce que je vous conseille est praticable, que je ne vous
dis et ne vous demande rien qui ne soit clair et simple.
Si ce n'était pas simple, ce ne serait pas primaire, et, si
ce n'était pas primaire, je ne vous en aurais pas parlé ici.

Je vais vous dire, cependant, quels obstacles retardent le
succès complet de cette méthode. Beaucoup d'instituteurs,
pour s'en servir, auraient besoin non-seulement d'apprendre
eux-mêmes; mais, ce qui est plus difficile, de se défaire
d'habitudes anciennes qui dérivent de l'enseignement par
nomenclature : premier obstacle.

Tous les instituteurs, quels qu'ils soient, ont besoin, pour
s'en servir, de se donner plus de peine : second obstacle.
Quelque peine que des géographes aient prise eux-mêmes

pour préparer le travail, jamais, avec cette méthode, le livre ne saurait remplacer l'action personnelle du maître, comme il le fait dans le système où l'instituteur peut se contenter de dire à l'élève: « Apprenez de telle ligne à telle ligne, » puis : « Récitez, » et souvent même où les questions toutes imprimées sont suivies de la ponse ré. C'est le *text-book* des Américains. Au contraire, dans le système que nous exposons, il est nécessaire que l'instituteur paye de sa personne (*Applaudissements*). Je le répète, il faut qu'il paye de sa personne; c'est le mot, Messieurs; il faut qu'il tire de son propre fonds une partie de ses explications, qu'il invente même des moyens de démonstration, qu'il soit prêt à répondre aux questions de l'élève. L'enseignement de la commune ne saurait lui être tracé dans un livre, sinon sous forme d'exemple et de conseil; car il diffère avec chaque commune. L'enseignement au tableau demande une action constante du maître; cependant ici le livre aide beaucoup et l'élève peut apprendre dans le livre ce qu'il a compris en entendant le maître. Celui-ci peut même être secondé dans le choix des questions qui conviennent le mieux.

Il faut un matériel plus complet et plus coûteux qu'avec l'ancienne méthode : troisième obstacle. On ne peut, en effet, enseigner la géographie d'une manière rationnelle sans cartes et sans globe, pas plus qu'on n'enseigne la botanique sans plantes.

Donc, ce genre d'enseignement, qu'il s'applique à la géographie ou à une autre chose, ne saurait convenir à tous les pays et à tous les états de civilisation. Il ne peut être pratiqué que là où l'enseignement primaire est estimé à un assez haut prix pour que ces trois conditions soient réunies : un État et des communes ne reculant pas devant les sacrifices que le matériel de l'enseignement par les yeux exige ; des élèves dans les écoles normales et des candidats au brevet possédant bien les matières de leur enseignement et préparés à la pratique des bonnes méthodes ; des instituteurs pratiquant leurs devoirs dans toute leur étendue, et soutenus par une administration qui comprenne l'intérêt qu'a le pays à former des élèves non-seulement sachant lire, écrire, compter et répéter des mots appris par cœur, mais ayant déjà l'esprit ouvert et rendus capables de devenir un jour des citoyens intelligents dans la sphère de leur activité ou même de s'élever plus haut, si les circonstances de la vie leur en fournissent l'occasion.

L'État vous a prouvé par des lois récentes qu'il mettait les dépenses de l'instruction au nombre de celles pour lesquelles il ne ménageait pas l'argent, parce qu'il regarde l'argent employé à faire des hommes intelligents comme un bon placement, et beaucoup de communes ont déjà fait comme l'État.

L'administration de l'instruction publique s'applique à améliorer et à fortifier l'enseignement des écoles normales et à soutenir les instituteurs.

Les instituteurs, de leur côté, comprennent trop l'importance de leur tâche dans le temps où nous vivons, pour ne pas s'imposer à eux-mêmes un effort qu'ils savent devoir donner de si bons résultats. Ils aimeront mieux faire une leçon profitable que de rester enchaînés à la méthode de la nomenclature. Ils sauront se servir du livre ; ils ne s'y asserviront pas. Ils s'associeront aux pédagogues américains et français, afin de repousser la domination du *text-book* et de lutter pour la bonne cause celle du développement des intelligences. (*Applaudissements.*)

Je suis convaincu, Messieurs, que nous sommes dans un

état de civilisation qui nous permet de réunir les trois conditions : de l'argent, des maîtres instruits, des maîtres zélés, de même que je suis convaincu que nous sommes dans une situation politique où il nous est nécessaire d'atteindre le but que je vous ai montré. L'attention soutenue que vous m'avez prêtée durant cette longue conférence, me prouve que vous n'avez pas peur des études sérieuses et des efforts prolongés. Je vous en remercie pour moi et je la considère comme d'un bon augure pour ceux qui viendront après moi, durant cette retraite pédagogique, vous entretenir de ce qui est l'objet constant de vos méditations et la pratique ordinaire de votre vie : l'éducation première de la jeunesse et la formation du citoyen français. (*Salve d'applaudissements.*)

IMPRIMERIE CENTRALE DES CHEMINS DE FER. — A. CHAIX ET Cⁱᵉ, RUE BERGÈRE, 20, A PARIS. — 14112-8.

LIBRAIRIE DELAGRAVE

15, rue Soufflot, 15.

CARTES MURALES

DRESSÉES PAR M. E. LEVASSEUR, MEMBRE DE L'INSTITUT

La France au 1/1,000,000, 1 m. 38 c. larg., 1 m. 30 c. haut. Prix de la carte en feuilles . . . . 10 »

Collée sur toile, vernie, montée sur gorge et rouleau . . . . 20 »

Collée sur toile et pliée en quatre . . . . 20 »

Cette carte, à l'échelle de 1 millimètre par kilomètre, offre une planimétrie de la plus rigoureuse exactitude. Les montagnes sont figurées par des hachures proportionnées à la hauteur des terrains, et des teintes hypsométriques plus ou moins foncées suivant l'altitude, rendent plus saisissante l'expression du relief du sol et font voir les diverses profondeurs de la mer. Les villes y ont une grandeur proportionnelle à leur rang administratif et à leur population. Une couleur particulière sert à marquer les chemins de fer, les champs de bataille, les lieux historiques, les mines, les principales industries, les signes administratifs. L'emploi de la chromolithographie a permis de représenter les divers aspects de géographie physique, politique et économique, tout en donnant à l'ensemble de la carte une grande clarté et en ne mettant en saillie, au premier coup d'œil, que les choses les plus importantes. La carte s'étend à l'Est jusqu'au lac de Constance, et comprend ainsi une grande partie de l'Europe centrale, qui est traitée avec le même soin que le territoire français. La mer et les cours d'eau sont imprimés en bleu foncé.

— LA MÊME avec sept cartons de statistique figurative.

Collée sur toile, vernie, montée sur gorge et rouleau . . . . 25 »

Les Chemins de fer, carte murale dressée par E. LEVASSEUR, avec le concours de M. BLONDIN sur le fond de la carte de France au millionnième.

Prix en feuilles. . . . . 15 »

Collée sur toile, vernie, montée sur gorge et rouleau . . . . 25 »

Collée sur toile et pliée en quatre. . . . . 25 »

Cette carte donne tous les chemins de fer et toutes les stations, pour la France et les pays voisins, avec l'indication des ports, de la nature et de l'importance de leur commerce et de leur navigation, de la superficie et de la population de chaque circonscription administrative, des consulats, des chambres et des tribunaux de commerce, etc.

La France au 1/600,000, représentant à une plus grande échelle et avec beaucoup plus de détails la France sous les points de vue de la géographie physique, politique et historique, administrative, économique. 12 feuilles (2 m. 05 larg., 2 m. haut). . . . . 18 »

Collée sur toile, vernie, montée sur gorge et rouleau . . . . 30 »

NOTA. — *Cette carte se vend coloriée par départements ou en teintes hypsométriques.*

L'Algérie et les colonies françaises. carte dressée à l'échelle de 1/1,000,000, c'est-à-dire à la même échelle que la carte de France au 1/1,000,000, de manière à faire saisir de l'œil le rapport de grandeur de la France et de ses possessions d'outre-mer.

Prix en feuilles. . . . . » »

Collée sur toile, vernie, montée sur gorge et rouleau . . . . » »

Collée sur toile, pliée en quatre . . . . » »

Cette carte a été dressée à l'aide de travaux de la marine et de l'état-major (pour l'Algérie), au point de vue physique et politique, avec le même souci de l'exactitude et de la clarté que les cartes précédentes. L'indication des profondeurs de la mer, les teintes hypsométriques marquant le relief sur terre et complétant les hachures de la montagne, des coupes pour chaque colonie, facilitent l'intelligence de la géographie physique. La carte donne en outre le plan des principaux chefs-lieux coloniaux, les trois colonies de la Réunion, de la Martinique et de la Guadeloupe à une plus grande échelle (590,000e) et, sur un planisphère la vue d'ensemble des possessions anciennes et actuelles de la France avec les principaux voyages de découvertes.

L'Algérie seule, à l'échelle du 1/1,000,000, carte extraite de la précédente :

Prix en feuilles . . . . » »

Collée sur toile, vernie, montée sur gorge et rouleau . . . . » »

L'Europe au 1/4,000,000, 1 m. 75 larg., 1 m. 45 haut. Prix de la carte en feuilles : . . . . 15 »

Collée sur toile, vernie, montée sur gorge et rouleau. . . . . . . 25 »

Collée sur toile, pliée en quatre . . . . 25 »

Cette carte embrasse à la fois la Géographie physique, la Géographie historique et politique et la Géographie économique.

Des teintes dégradées de *bleu* marquent les courbes de profondeur dans la mer. Des indications toutes nouvelles facilitent l'intelligence de la *météorologie* de l'Europe. Les montagnes ont été desssinées avec exactitude d'après les meilleures cartes de chaque pays. L'auteur, au moyen d'une teinte hypsométrique, a rendu sensibles les mouvements généraux du relief du sol. Les principales productions agricoles y sont indiquées. Les mines de houille, l'exploitation des métaux, les industries des grands centres, les principaux chemins de fer, les télégraphes, les cables sous-marins, les lignes de navigation à vapeur, les ports de commerce figurent également. Sur un des côtés de la carte, une *statistique* figurative, permettant de saisir d'un coup d'œil la relation des forces productives des Etats, fait voir leur superficie, leur population, leur culte, l'importance de leur budget, de leur commerce, de leur marine, de leurs chemins de fer, l'état de leur instruction primaire. — Sur un autre côté, une *petite carte d'Europe* donne, avec la limite des grands bassins fluviaux et les races, la distribution des populations d'après la densité.

La Terre ou planisphère sur la projection de Mercator, à l'échelle du 1/25,000,000 à l'équateur, conçue aussi dans le même esprit et exécutée par les mêmes procédés que la carte d'Europe.

Prix en feuilles . . . . 15 »

Collée sur toile, vernie, montée sur gorge et rouleau. . . . . . . 25 »

Collée sur toile et pliée en quatre . . . . 25 »

Cette carte indique les principaux faits de la géographie météorologique, les profondeurs de la mer dans les parties où l'état des connaissances hydrographiques permet de le faire, les courants, l'hypsométrie des continents et des îles résultant des recherches faites par l'auteur sur les cartes originales, la coupe de chaque partie du monde, la population des villes, les principales productions de l'agriculture et des mines, les chemins de fer, les télégraphes, les lignes de navigation ; des cartons spéciaux sont consacrés aux deux régions polaires, aux principaux caps et aux principaux détroits du monde, aux deux principaux isthmes et à leurs voies de communication, à la population du globe, aux courants, à la pluie, aux vents, aux races humaines, à la densité des populations du globe, au commerce.

EN PRÉPARATION :

L'Europe centrale.

L'Asie.

L'Afrique.

Les deux Amériques.

Nous avons adopté pour ces cartes des échelles aussi simples que possible et en rapport avec le système décimal :

le 1/600,000, le 1/1,000,000, le 1/10,000,000,

avec une petite carte de France comme mesure de comparaison.

La géographie y est représenté sous le triple aspect physique, politique et économique, mais de façon que la géographie physique ait le rôle principal et frappe tout d'abord les yeux ; que la géographie politique soit très-claire ; que la géographie économique et administrative, facile à reconnître à la couleur particulière de ses signes, ne nuise en rien à la clarté des deux autres. Les noms sont écrits d'après certaines règles scientifiques, de manière à ce que les plus importants seuls soient visibles de loin et frappent les yeux de l'élève ; il y a des notions d'ordre secondaire que le maître seul a besoin de retrouver quand il fait sa leçon auprès de la carte et qui sont écrites en petits caractères.

IMPRIMERIE CENTRALE DES CHEMINS DE FER. — A. CHAIX ET Cie
RUE BERGÈRE, 20, PARIS. — 20030.

9 782329 404394